LES SEPT PAROLES DE JÉSUS EN CROIX

SUIVI DES CONFÉRENCES

SAINT BONAVENTURE

Traduction par
L'ABBÉ BERTHAUMIER

ALICIA EDITIONS

TABLE DES MATIÈRES

Les sept paroles de Jésus en Croix   1

CONFÉRENCES

PREMIÈRE CONFÉRENCE. Sur l'incarnation du Verbe.   17

DEUXIÈME CONFÉRENCE. De la crainte du Seigneur.   24

TROISIÈME CONFÉRENCE. De l'obéissance.   27

QUATRIÈME CONFÉRENCE. De la modestie.   30

CINQUIÈME CONFÉRENCE. Sur le silence.   32

SIXIÈME CONFÉRENCE. Sur la dévotion.   35

SEPTIÈME CONFÉRENCE. De la diligence.   38

HUITIÈME CONFÉRENCE. De la discipline.   40

CONFÉRENCE SUR LE MÉPRIS DU MONDE   43

LES SEPT PAROLES DE JÉSUS EN CROIX

Première Parole.

Jésus, hostie, sacrifice, bienfait et grâce de salut ; Jésus, confiance assurée, refuge inébranlable : pour racheter le genre humain de sa captivité, pour anéantir les crimes dont nous étions coupables, pour nous unir à Dieu et nous combler de ses dons, vous n'avez point refusé de souffrir les chaînes, les fouets, les meurtrissures. Vous avez accepté la croix et ses ignominies, ses tourments et ses plaies. Et alors qu'elle vous recevait, alors que vos ennemis frémissaient contre vous, que le marteau frappait et que les clous déchiraient votre chair, que la douleur se faisait sentir plus atroce, que votre sang adorable coulait en abondance, que la souffrance vous oppressait et que votre angoisse s'aggravait, vous avez supplié votre Père de pardonner à vos ennemis, à ceux qui vous attachaient ; vous l'avez conjuré en faveur de leur ignorance, et vous lui avez dit : « Mon Père, pardonne-leur, car ils ne savent ce qu'ils font »[1].

Prière.

O douce patience ! ô mansuétude ineffable, clémence infinie, bénignité sans limites ! Comme une brebis pleine de douceur, vous ne laissez échapper aucune plainte ; comme une mère pleine de tendresse, vous excusez l'injure dont on vous couvre ; comme l'âme dont la bonté est inépuisable, vous gardez toute votre bienveillance ; comme celui dont la volonté est d'une tendresse sans bornes, vous ne mettez en avant que la miséricorde. L'espérance de nos cœurs se tourne vers vous ; vers vous montent nos soupirs, vers vous coulent nos larmes, vers vous s'élèvent nos désirs, et nous crions avec confiance : Seigneur, daignez nous pardonner.

Seconde Parole.

Jésus, auteur de tout pardon, consolation de ceux qui pleurent ; Jésus, gloire de notre repentir, espoir des pénitents : alors que, suspendu sur la croix, vous étiez associé au supplice de deux scélérats, l'un d'eux s'élevait contre vous, vous blasphémait injurieusement, et vous disait [2]: « Si tu es le Fils de Dieu, sauve-toi et sauve nous en même temps ; exerce à ton égard la puissance que tu montras en sauvant les autres. » L'autre le reprenait, lui montrait sa folie, se déclarait coupable et vous suppliait en disant : « Souvenez-vous de moi lorsque vous serez parvenu en votre royaume, en ce royaume plein de douceur, lorsque vous vous montrerez roi. »

Et vous, Seigneur, qui aimez le repentir et y attirez les cœurs par votre grâce, vous ne vous êtes point contenté de lui promettre un souvenir, mais vous l'avez assuré de votre gloire, et vous lui avez dit : « Oui, je vous le promets, vous serez avec moi dans la gloire. »

Prière.

O charité empressée de mon Dieu ! Miséricorde diligente, libéralité sans retard, munificence vraiment prompte, c'est vers vous que s'élance notre ferveur, vers vous que se tourne notre pensée, devant vous que nous confessons nos fautes et que nous ouvrons le fond de nos cœurs.

Nous vous supplions avec confiance, vous qui, seul, êtes sans péché et pur de tout crime, et nous vous disons : Souvenez-vous de nous, Seigneur, dans votre patience.

Troisième Parole.

Jésus, lumière éclatante, Roi de gloire, Fils de Dieu et Fils de l'homme ; Jésus, fleur de la pureté virginale, Fils de la Vierge Marie ; cette Vierge très-sainte, cette Vierge accablée d'amertumes, cette Mère pleine d'amour et brisée par tant de douleurs, votre Mère bien-aimée, qui entoura votre enfance de soins si diligents, se tenait inondée de ses larmes et anéantie par ses sanglots au pied de votre croix, vous y voyait suspendu, contemplait vos tourments, et, dans l'excès de son affliction, elle semblait prête à défaillir. Mais vous, Seigneur, vous avez abaissé un regard sur cette Mère dans les pleurs, en proie à l'amertume, votre Mère vénérable, digne de la suprême béatitude ; vous avez considéré votre Disciple bien-aimé, ce Disciple si digne de votre amour, Jean, le serviteur fidèle de Dieu, l'homme dont la vie est demeurée sans tache, et votre parole s'est adressée, pleine de douceur et avec un accent prophétique, à Marie et à Jean ; vous avez recommandé tendrement votre Mère au Disciple, et vous avec dit : « Femme voilà votre Fils » ; et ensuite au Disciple : « Voilà votre Mère »[3].

Prière.

Oh ! quel changement ! quel partage inégal ! quelle désolation ! quelle tristesse profonde pour une mère, alors que pour soutien c'est le Disciple qui lui est donné à la place du Maître, alors qu'au lieu de Dieu c'est un homme qui devient son appui ; qu'au lieu du Roi, c'est un simple serviteur qui demeure à Marie ! Et moi aussi, ô Jésus ! je me recommande humblement à votre grâce, et je m'abandonne pour toujours à votre providence, afin qu'aidé des prières que la Vierge vous adressera pour moi avec amour, je puisse être en tout temps à l'abri des orages du péché.

Quatrième Parole.

Jésus, vertu, sagesse du Père incréé ; Jésus, force et soutien de toute créature : par votre puissance admirable vous aviez multiplié les pains ; avec une force non moins grande, faible enfant, vous aviez conduit l'étoile qui guidait les Mages ; vous aviez rappelé les morts à la vie, vous aviez opéré des merveilles sans nombre, vous aviez guéri les malades, vous aviez tiré le monde du néant, vous aviez chassé les démons par la terreur de votre parole, vous aviez, au jardin des Olives, renversé vos ennemis par la force de cette même parole ; et voilà que vous êtes attaché à la croix pour obéir à votre Père ; voilà que vous êtes, par sa volonté, en proie aux angoisses ; voilà que, pour accomplir ses ordres, vous êtes enchaîné et vous souffrez comme un Criminel, et qu'il ne vous permet point de faire usage de votre puissance pour vous soustraire aux tourments. Alors, vous inclinant sous le poids des douleurs qui vous oppressent, vous faites entendre un cri, et vous dites, en pleurant, d'une voix de lamentation : « *Eli, Eli, lamina sabachtani* », c'est-à-dire : « Mon Dieu, mon Dieu, pourquoi m'avez-vous abandonné ? »[4]

Prière.

O cri miraculeux, qui opère le salut du monde ! O cœur innocent et humble ! Vous pleurez les peines méritées par nos crimes ; la compassion m'entraîne vers vous ; je sens que vous souffrez pour moi ; je me prosterne devant vous, je mêle mes pleurs aux vôtres ; et ces pleurs me sont avantageux : ils me consolent, car ils seront pour moi une source de récompense et de joie éternelle.

Cinquième Parole.

Jésus, dont le souvenir est si doux et dont l'amour pénètre d'ardeur ; Jésus, ma tendre confiance, vous qui êtes la nourriture qui réjouit mon âme : alors qu'étendu sur l'autel de la croix, vous accomplissiez, en vous immolant, la rédemption des hommes, le monde vous contemplait nu et dépouillé comme un objet de spectacle ; la terre faisait entendre contre vous un cri de mort ; vos ennemis vous lançaient leurs injures ; vos proches vous fuyaient ; les clous perçaient vos membres ; vos nerfs se contractaient sous l'excès de la douleur ; vos plaies se gonflaient ; votre sang coulait à grands flots ; votre chair devenait palpitante ; vos forces s'épuisaient. Alors, Seigneur, vous avez été embrasé d'une soif dévorante, d'une soif qui languissait d'amour, d'une soif désireuse des vertus et avide de notre salut. Vous avez dit avec tendresse : « J'ai soif » [5]: je désire la foi chez tous les hommes, je soupire après leur salut, et je m'offre encore à de nouveaux tourments, afin de l'obtenir.

Prière.

O soif vraiment salutaire qui ne demandez que notre amour ! ô soif intime du cœur qui brisez nos ardeurs perverses ! Faites, ô mon Dieu, que j'aie soif de vous, que je brûle de cette soif, que je fuie la soif du mal, jusqu'à ce que j'arrive à la fontaine de vie, que je m'y désaltère, que j'y sois heureux pour toujours, et, qu'entré dans la sainte patrie, j'y contemple mon Dieu à jamais.

Sixième Parole.

Jésus, notre rédempteur, sauveur de tous les hommes ; Jésus, notre amour, salut de ceux qui croient : alors que vous accomplissiez avec un zèle ardent par le mystère de la Croix l'œuvre de notre rachat, afin d'être ainsi notre libérateur ; alors que vous vous soumettiez au supplice pour nous en arracher, consommant le sacrifice de votre chair et de votre sang, en même temps que le combat terrible qui devait mettre le sceau à notre paix ; terminant la course passagère de cette vie fugitive et achevant le grand acte de notre rédemption, au moment où l'heure de la mort approchait, où la vie vous abandonnait, où vous touchiez au terme de vos souffrances, et où tout allait se trouver conduit à sa fin, pour exprimer toutes choses en un mot vous vous écriâtes : Tout est consommé ! [6] En effet, Jésus est crucifié, l'Agneau est immolé, son sang est répandu, le prix du salut est payé, le démon est vaincu, la guerre est terminée, la sentence de condamnation est détruite et l'homme est racheté.

Prière

O bon Jésus ! Bonté suprême qui êtes notre justice ; ô vrai jésus ! Vérité souveraine qui êtes notre science ; ô doux Jésus ! Charité ineffable et notre rédemption ; ô saint Jésus ! Sainteté sans tache et notre sanctification ; consommez en nous la grâce, consommez la justice, consommez notre conscience, consommez notre joie.

Septième Parole.

Jésus, voie de toute droiture et porte du salut ; Jésus, refuge inébranlable et protecteur de tous les hommes ; Jésus, vérité salutaire et lumière brillante des âmes ; Jésus, félicité de la vie et douceur enivrante des cœurs : alors que vous livriez les derniers combats, afin de détacher votre âme de votre corps sacré, et que vous abandonniez cette terre pour descendre aux enfers, voulant nous montrer la voie que nous devions parcourir, instruire les hommes formés d'une vile poussière, et nous faire reconnaître le défenseur en qui doivent se confier ceux que la mort environne, vous avez recommandé votre âme vénérable à votre Père très-saint et vous lui avez dit en gémissant dans un langage d'amour : « Mon Père, je remets mon âme entre vos mains »[7]. Et ensuite, inclinant la tête, toujours attaché au gibet de la Croix, couvert de plaies cruelles, honteuses et injustes, vous avez rendu l'esprit. Mais en même temps vous imprimâtes à l'univers un tel frémissement que tous ceux qui furent témoins de vos tourments versèrent des larmes abondantes ; que les éléments se troublèrent, les rochers se fendirent, les sépulcres laissèrent aller leurs morts, la terre trembla, le voile du temple se déchira, la lune recula en arrière, le soleil se couvrit de ténèbres, le monde gémit, et la nature désolée s'écria : Hélas ! Voici mon dernier jour, ou bien le Dieu qui m'a créée est à cette heure en proie aux souffrances.

Prière.

Ô mort digne de larmes, que toute créature

a pleurée ! O mort lamentable, sur laquelle les êtres insensibles se sont désolés ! mort admirable, où les morts ont puisé la vie ; mort toute aimable, qui as exalté le courage des forts ; mort sacrée, mort glorieuse, qui as été la ruine des crimes ; mort pieuse, mort profitable, en qui nous avons trouvé des récompenses, fais que ton souvenir ne nous abandonne jamais ; qu'il excite notre âme et transperce en tout temps notre cœur ; qu'il verse la lumière en nos pensées et nous dirige en toutes nos démarches ; qu'il nous délivre de nos fautes et nous accorde le bienfait de la vie céleste.

Ainsi soit-il.

---

1. Luc 23:34
2. 1 Luc., 23
3. Jean 19: 26-27
4. Matthieu 27:46
5. Jean 19:28
6. Jean 19: 30
7. Luc 23:46

CONFÉRENCES

PREMIÈRE CONFÉRENCE. SUR L'INCARNATION DU VERBE.

O mon âme, considère les merveilles renouvelées par la Vérité. Nous pouvons les contempler toutes dans cette union qui a associé Dieu et l'homme en la personne du Verbe, union vraiment accomplie et faite par le Seigneur, union manifestée par lui à nos yeux.

I. Voici d'abord une éternité qui commence : Le Fils de Dieu existe éternellement et il s'est fait chair dans le temps. Il ne pouvait te racheter qu'en offrant le prix de ta rançon, et selon la loi il ne le devait pas s'il était d'une nature différente de la tienne. L'homme était bien ton frère, mais il n'avait point en son pouvoir le prix d'une telle oeuvre ; Dieu le possédait, mais il n'était point notre frère. Ainsi l'homme seul était redevable ; Dieu seul avait le prix de la dette. Dieu s'est donc fait homme pour devenir notre frère. Notre Jésus est devenu pour nous un homme plus précieux que l'or, plus cher que l'or le plus pur : *Il a*, dit Isaïe, *emporté avec lui un sac d'argent*[1]. En effet, Dieu a apparu homme dans la chair ; le Verbe s'est caché dans cette chair comme dans un sac, et il a racheté l'homme coupable.

II. En second lieu, l'immensité se renferme dans un espace étroit, car Dieu a rendu sur la terre son Verbe comme diminué de lui-même. Son Verbe, dis-je, est immense par sa divinité, et il semble comme abrégé lorsqu'il est placé dans une crèche. Contemple donc, ô mon âme, ces merveilles pleines de douceur et vraiment nécessaires à tes besoins. Le Fils de Dieu seul pouvait combler ta misère, mais ta petitesse te rendait impuissante à embrasser l'immensité, et ainsi cette misère l'emportait sur ta capacité. La charité divine, par une disposition admirable de ses desseins, a donc voulu nous donner son Fils dont nous avions besoin, et nous le donner enfant afin de le proportionner à notre infirmité. Ainsi un petit enfant nous est né, et un fils nous a été donné

III. En troisième lieu, la beauté s'est environnée d'obscurité. En effet, de quoi me servira le don de cette immense charité si je ne puis contempler tout ce qu'elle renferme de délices ? Notre Jésus a donc manifesté sous le voile de notre mortalité cette face auguste sur laquelle les anges désirent en tout temps tenir leurs regards attachés. Nous avons pu non-seulement voir de nos yeux celui qui est invisible, mais encore l'aimer en notre chair et rendu semblable à nous. De là cette parole de l'Apocalypse : *Le soleil est devenu noir comme un cilice* [2], le Soleil de justice, sans doute, Jésus-Christ notre Dieu, qui, selon l'Apôtre, est la splendeur de la gloire du Père, l'image parfaite de sa substance [3]. Sa beauté l'emporte sur celle du soleil ; elle est plus élevée que l'armée des étoiles et, comparée à la lumière, elle lui est supérieure. Et cependant à cause de nous il s'est revêtu de l'obscurité d'un cilice, il en a pris toutes les aspérités.

IV. La hauteur a embrassé l'abjection, la puissance s'est faite esclave quand celui dont les pieds étaient à peine accessibles aux anges les plus élevés, est descendu non pas jusqu'à moi, mais au-dessous de moi, quand il a été couché, comme je le vois aujourd'hui, aux pieds de vils animaux. Le Dieu béni n'a rien négligé pour que nous puissions le posséder : il se fait homme pour me donner d'arriver jusqu'à lui ; il se fait petit enfant pour que je le presse dans mes bras ; il se rend visible pour être connu de moi, et il devient humble afin que je l'atteigne.

V. La force a revêtu l'infirmité, la sagesse la simplicité. Je suis coupable et j'ai honte de paraître devant la sagesse suprême ; je suis un ennemi, et je tremble à la vue de sa puissance ; je redoute les fautes dont je suis coupable, et je rougis de paraître devant vous, ô mon Dieu. Mais voilà que l'admirable bénignité du Seigneur, dont la magnificence a toujours éclaté dans ses bienfaits, cache sa sagesse sous le voile de la simplicité afin que je n'aie pas à être dans la confusion en sa présence ; voilà qu'elle environne sa force d'infirmité, pour que je ne craigne pas de m'approcher. Celui qui soutient tout par la puissance de sa parole, le verbe de Dieu se fait chair, et non-seulement il devient un homme soumis à la souffrance, mais encore il est semblable à moi par la faiblesse de son enfance ; il est mortel comme moi par la chair qu'il a voulu prendre.

VI. La justice se soumet au châtiment de la faute, car sans cela vous eussiez dit : A quoi bon m'approcher, si je ne puis posséder ce qui me manque ? J'ai été conçu dans toute espèce de mal, déshérité de tout bien pour mon péché et la peine qu'il mérite ; il faut donc que je sois tiré sans réserve du mal, que je sois rétabli en tout bien : c'est là mon besoin suprême. Ainsi la justice, par un dessein ineffable du ciel, s'est soumise à la peine du crime afin de nous justifier de tout mal ; l'opulence a pris la détresse en partage pour nous rendre riches de tout bien. Celui qui avait ignoré entièrement le péché, Jésus, l'innocence immaculée, à qui toute faute fut toujours étrangère, dont la bouche fut pure de toute parole trompeuse, Dieu l'a traité à cause de nous comme s'il eût été le péché, ou autrement il lui a imposé la peine due à nos péchés, il a placé en sa personne toutes nos iniquités, afin qu'en lui nous devinssions justes de la justice de Dieu. O besoin vraiment heureux de l'homme ! Par là même que le Dieu fait homme, Jésus, s'est chargé de satisfaire pour nos péchés, il est devenu nécessaire ou que Dieu eût de la haine pour lui-même, ce qui est impossible, ou qu'il se réconciliât l'homme coupable, et cela est agréable à ses yeux, c'est la fin qu'il s'est proposée.

VII. La richesse a pris la misère en partage afin de nous enrichir dans le céleste royaume. En effet, vous connaissez la bonté de Jésus-Christ Notre-Seigneur ; étant riche il s'est rendu pauvre afin que nous devinssions riches nous-mêmes par sa pauvreté. Oh ! combien abondantes devraient être nos richesses, nous à qui Dieu a tant donné qu'il en est demeuré nu et plongé dans la pauvreté ! Voyez comme elle est heureuse cette détresse à laquelle s'est soumis pour nous, dans l'ivresse de son amour, le Christ béni ; il est nécessaire que l'homme soit rétabli dans le royaume, ou que Jésus, le Roi suprême, en soit banni, puisqu'il s'est chargé de notre misère, et que le riche et le pauvre ne font plus qu'un. Ainsi, ô mon âme, ton Jésus, le Dieu éternel se réduit à un état nouveau pour que tu puisses l'approcher ; le Dieu immense se fait petit pour que tu l'embrasses ; le Dieu très-sage se revêt de la simplicité pour t'empêcher de rougir en sa présence ; le Dieu très-fort descend jusqu'à la faiblesse pour éloigner de toi la crainte ; le Dieu très juste accepte la dette du péché pour te justifier de tout mal ; le Dieu très-riche prend en partage la misère pour t'enrichir de tout bien.

---

1. Is., 15.
2. Apoc., 6.
3. Hebr., 1.

DEUXIÈME CONFÉRENCE.
DE LA CRAINTE DU SEIGNEUR.

L'eau d'une sagesse salutaire, la fontaine de vie, le commencement de la sagesse, c'est la crainte du Seigneur, dit saint Bernard. Elle rafraîchit l'âme admirablement au milieu des désirs pervers qui l'oppressent, et elle est puissante à éteindre les traits enflammés de notre ennemi. En toutes choses et en toutes circonstances la crainte de Dieu doit être préférée à la tendresse pour ses proches. Celui qui a sans cesse cette crainte devant les yeux, s'avance par des voies vraiment belles et ses sentiers sont des sentiers de paix. Le bon vouloir du Seigneur persévère en faveur de ceux qui le craignent ; il a pour eux des pensées pacifiques, il oublie les fautes dont ils peuvent se rendre coupables, il récompense toutes leurs bonnes oeuvres ; et ainsi nous voyons coopérer d'une manière admirable à leur avantage et le bien et le mal. J'ai appris dans la vérité que rien n'est efficace à mériter, à conserver ou à recouvrer la grâce, comme de marcher en tout temps en la présence de Dieu sans se laisser aller aux sentiments de l'orgueil et d'être dans la crainte. Vous êtes bienheureux si votre coeur est rempli d'une triple crainte ; si vous craignez pour la grâce reçue, si vous craignez plus encore pour la grâce perdue, et si vous avez une crainte sans limites pour la grâce recouvrée. Craignez donc lorsque la grâce vous sourit, craignez, lorsqu'elle s'éloigne, craignez lorsqu'elle revient. Lorsqu'elle est présente, craignez d'en faire un usage indigne ; lorsqu'elle se retire, craignez encore plus, car vous tombez vous-même en défaillance quand la grâce vous fait défaut ; craignez lorsqu'elle vous est enlevée, comme un homme à la veille de sa ruine ; craignez : votre garde vous a abandonné. Ainsi craignez le Seigneur en tout temps et de tout votre coeur, Si votre crainte est entière, si elle est parfaite, il vous fera goûter bientôt les douceurs de sa charité.

TROISIÈME CONFÉRENCE.
DE L'OBÉISSANCE.

L'obéissance d'un religieux, pour être agréable à Dieu, doit être prompte et sans délai, pieuse et sans dédain, volontaire et sans murmure, simple et sans discussion, persévérante et sans interruption, droite et sans déviation, joyeuse et sans trouble, courageuse et sans crainte, universelle et sans exception. Dieu nous écoute en nos prières de la même manière que nous écoutons nos supérieurs. Si donc vous voulez être plus parfait en obéissant, lorsque la voix du supérieur vient frapper votre oreille, croyez entendre la voix de Dieu et non celle de l'homme.

Celui-là n'est point obéissant mais un homme négligent, qui attend pour agir un second commandement. « C'est peu, dit saint Bernard, d'être soumis à Dieu si vous ne l'êtes à toute créature à cause de Dieu, à votre abbé comme étant au-dessus de vous, à vos prieurs comme ayant reçu de lui le droit de commander. Je dis plus : vous devez vous soumettre à vos égaux, vous devez vous soumettre à vos inférieurs ; et si vous voulez être parfait en toute justice, allez à celui qui est moindre que vous, obéissez à celui qui est au-dessous de vous, abaissez-vous devant celui qui est moins âgé que vous[1]. » Celui, dit saint Jean Climaque, dont la conscience est exempte de toute tache dans l'obéissance due au supérieur, attend chaque jour la mort sans se troubler, comme il attendrait le sommeil, car il sait à n'en point douter qu'au sortir de cette vie l'homme seul établi en dignité aura un compte à rendre et non lui. Quand celui qui commande est absent, si nous nous souvenons de lui et si, nous le représentant comme présent au milieu de nous, nous nous abstenons soigneusement de tout ce que nous soupçonnons lui déplaire dans nos discours, nos conversations, notre nourriture ou autre chose, c'est alors que l'on reconnaîtra en nous l'accomplissement parfait de l'obéissance.

---

1. Sup. Cant., 41.

QUATRIÈME CONFÉRENCE.
DE LA MODESTIE.

Je ne sais si rien au monde peut orner plus un homme en toute sa personne que la modestie. Combien elle est belle, combien elle est une perle brillante dans la vie et sur le visage du jeune homme ! Comme elle est une messagère vraie et sans nuage d'une espérance heureuse, et l'indice d'un caractère excellent ! Elle est une verge de discipline levée pour arrêter les sentiments qui portent le déshonneur, pour empêcher les mouvements et les actes les plus légers d'un âge si glissant, pour comprimer ceux qui tenteraient de se produire avec insolence. Qui mettra en fuite comme elle les paroles honteuses et tout ce qui est messéant ? Elle est la soeur de la continence, le signe manifeste de la simplicité de la colombe, la compagne de l'innocence, la lampe toujours brillante de l'âme pure. A sa lumière rien de honteux, rien de déshonorant ne saurait prétendre se fixer en cette âme sans être démasqué aussitôt. C'est elle qui attaque le mal, elle qui combat pour la pureté nécessaire à notre âme, elle qui est la gloire spéciale de notre conscience, la gardienne de notre renommée, la splendeur de notre vie, le siège de notre force ; c'est en elle que se trouvent les prémices des vertus, la louange de ce qui est naturel en nous, l'éclat de toute honnêteté... Qu'y a-t-il de cher à un coeur modeste comme le secret de la solitude ? Qu'y a-t-il de propre à la modestie comme de fuir les louanges dont elle est digne et d'éviter toute jactance ? Qu'y a-t-il d'inconvenant, surtout pour un jeune homme, comme de faire parade de sa sainteté ?

CINQUIÈME CONFÉRENCE.
SUR LE SILENCE.

L'homme ami du silence s'approche de Dieu, et celui qui s'entretient avec lui dans le secret en est illuminé. Celui qui pense avec sollicitude à la mort, sait borner ses discours ; et celui dont l'une est pleine d'une tristesse salutaire, s'éloigne des longs entretiens comme d'un incendie. Le silence, dit saint Bernard, est bon contre la jactance, il est bon contre le blasphème, il est bon contre le murmure et la détraction. Qu'elle soit donc condamnée au silence la langue médisante, la langue blasphématrice, la langue empressée à s'exalter, car il est bon d'attendre le salut du

Seigneur au milieu de ce triple silence. Cependant ne vous taisez pas entièrement sur ces différentes choses, ne vous taisez pas de façon à garder le silence avec Dieu. Mais parlez contre votre jactance en la confessant, afin d'obtenir pardon du passé. Parlez contre le murmure par les actions de grâces, afin de trouver une grâce plus abondante dans le temps présent. Parlez contre la défiance dans l'oraison, afin d'arriver à la gloire dans l'éternité. Confessez, dis-je, vos fautes passées, rendez grâces des biens actuels, priez désormais avec plus d'empressement pour les biens à venir, afin que de son côté Dieu ne demeure pas dans le silence touchant votre pardon, l'envoi de sa grâce et la promesse des récompenses. Un silence non interrompu et un éloignement perpétuel de toute agitation du siècle nous forcent à méditer les choses célestes. Les combats de la continence et la rigueur de la discipline trouvent un secours dans le doux chant des psaumes et des hymnes. La honte des fautes anciennes tempère l'austérité de notre vie nouvelle. La crainte du jugement futur rend facile le pieux exercice de la charité fraternelle, et la variété des saintes observances dissipe l'ennui et le dégoût... Le travail, la retraite et la pauvreté volontaire sont les insignes d'un religieux ; ce sont eux qui ont coutume d'ennoblir la vie monastique.

SIXIÈME CONFÉRENCE.
SUR LA DÉVOTION.

Que votre âme refuse de se consoler dans les choses de la terre, si vous voulez vous réjouir dans l'amour de Dieu. C'est là une consolation vraiment délicate, et elle ne saurait être accordée à ceux qui en admettent une autre. Celui dont l'âme soupire après des consolations étrangères et ne renonce pas entièrement à chercher le bonheur dans les choses caduques et passagères, celui-là éloigne de lui assurément la grâce de la consolation céleste. Il se trompe véritablement celui qui croit pouvoir unir cette divine douceur à une chair mortelle, ce baume souverain aux plaisirs empoisonnés du monde, les dons de l'Esprit-Saint aux concupiscences de la terre. La vérité n'aime point à se cacher dans les ténèbres ; la discipline se montre au grand jour, elle se réjouit dans les saintes pratiques. O sainte âme, soyez seule afin de vous conserver à celui-là seul que vous avez choisi entre tous. Fuyez les honneurs du dehors, fuyez les gens de votre maison, séparez-vous de vos amis et de vos intimes ; qu'il n'y ait rien de commun entre vous et la foule, entre vous et la multitude des étrangers. Oubliez votre peuple lui-même et la maison de votre père, et le Roi du ciel soupirera après votre beauté. Eloignez-vous donc, mais d'esprit et non de corps, mais par votre intention, votre dévotion, vos pensées. Vous êtes seul si votre esprit n'est point occupé des choses ordinaires de la vie, si vous n'êtes point épris de l'amour des choses présentes, si vous méprisez ce que beaucoup embrassent avec ardeur, si vous avez du dégoût pour ce qui est l'objet des désirs de tous, si vous évitez les contestations, si vous êtes insensible à toute perte, si vous ne gardez le souvenir d'aucune injure. La nourriture de l'âme, c'est la grâce de Dieu ; elle est pleine de douceur assurément, cette nourriture ; elle renferme toute suavité, elle offre au goût toutes délices. Non-seulement elle réjouit, mais elle rassasie, elle est un remède.

Quatre signes nous font connaître la présence de la grâce. Le premier, c'est quand le coeur goûte en Dieu la paix et le calme, car il ne saurait se reposer en aucun objet terrestre ; le Seigneur seul peut le remplir ; le reste peut l'impressionner, mais non le satisfaire. Le second signe, c'est quand l'esprit et le coeur se sentent inclinés à la dévotion. Le troisième, c'est quand le visage de l'homme se montre pénétré d'une joie plus vive et d'une bénignité plus grande. Le quatrième, qui est presque le même, c'est quand l'homme est plus réglé et plus grave dans tout son extérieur.

SEPTIÈME CONFÉRENCE.
DE LA DILIGENCE.

Il est une chose qui éloigne bien des hommes d'un amendement parfait et courageux : l'horreur de la difficulté ou autrement la peine que l'on trouve à combattre. Ceux-là, en effet, avancent avec bien plus de rapidité qui s'efforcent de vaincre plus généreusement les obstacles les plus difficiles et les plus repoussants. Car l'homme fait d'autant plus de progrès et il mérite une grâce d'autant plus grande qu'il se surmonte lui-même davantage et qu'il est plus mortifié en son esprit.

Deux choses aident d'une manière spéciale à un grand amendement : la première, c'est de s'éloigner avec force des objets vers lesquels nous incline notre nature corrompue ; la seconde, de s'appliquer avec ferveur au bien dont nous éprouvons plus vivement le besoin.

Combien il est nuisible de négliger la fin de sa vocation et de se porter à des choses qui nous sont étrangères ! Un religieux, appliqué à méditer avec attention et piété la très-sainte Vie et la Passion du Seigneur, trouve là abondamment tout ce qui lui est utile et nécessaire ; il n'a plus besoin de rien chercher hors de Jésus. Un religieux fervent embrasse et accomplit avec joie tout ce qui lui est ordonné. Mais le religieux tiède et négligent souffre tribulation sur tribulation ; de toutes parts il est dans la peine, car il est privé de la consolation intérieure et il lui est défendu d'en chercher au dehors. Le religieux qui vit en dehors de sa règle est exposé à une ruine terrible ; celui qui cherche ce qu'il y a de plus large et de plus relâché, sera toujours dans l'angoisse. Toute cette conférence est tirée du pieux livre intitulé *Imitation de Notre-Seigneur Jésus-Christ*.

HUITIÈME CONFÉRENCE.
DE LA DISCIPLINE.

Avant tout il nous faut dompter sous le joug de la discipline l'effervescence désordonnée de nos moeurs, jusqu'à ce que notre volonté altière soit humiliée et guérie sous les lois austères et persévérantes des anciens, jusqu'à ce qu'elle retrouve dans l'obéissance le bien de la nature perdu par notre orgueil. Ce bien, en effet, revient quand la conduite tout entière est bien disciplinée ; et avec lui l'homme apparaît plein de douceur et de bénignité, ennemi de toute querelle, ne cherchant à tromper personne, ni à se venger, ni à nuire à qui que ce soit, ne s'élevant au-dessus d'aucun, ne se préférant à nul de ses frères. Oh ! comme la discipline concourt à bien régler notre corps tout entier et les habitudes de notre âme ! Elle abaisse notre tète, elle incline notre front, elle compose notre visage, elle lie nos yeux, elle comprime les rires immodérés, elle refrène la gourmandise, elle apaise les emportements, elle ordonne toute notre démarche. Aussi quelqu'un a-t-il dit des religieux bien ou mal réglés : « Celui qui est querelleur, n'est pas un religieux ; celui qui conserve la malice en son coeur, n'est pas un religieux ; celui qui est colère, n'est pas un religieux ; celui qui est superbe et répandu en paroles, n'est pas un religieux. Le vrai religieux est toujours doux, humble et charitable ; en tous lieux et toujours il a devant les yeux la crainte du Seigneur afin de ne pas pécher. » Jean, abbé du mont Sinaï, dit aussi : « Le religieux est celui dont les actions, les pensées, les paroles n'ont pour objet que les choses de Dieu, celui qui est uni à Jésus-Christ en tout temps, en tout lieu, en toute affaire. Le religieux est celui qui fait sans cesse violence à la nature et veille sans interruption à la garde de ses sens. Le religieux est celui dont le corps est saint, la langue pure, l'âme illuminée. Qui, pensez-vous, sera un religieux fidèle et prudent ? Celui qui, sous le joug de l'obéissance et de la soumission, dans le travail et la douleur, conserve en son âme une chaleur inextinguible et ne cesse jusqu'à sa mort d'ajouter le feu au feu, la ferveur à la ferveur, l'amour à l'amour, le désir au désir, la sollicitude à la sollicitude. » Il est un vrai religieux, dit saint Bernard, celui qui conserve la dévotion au choeur, la patience au chapitre, la discipline dans le travail, la méditation dans la lecture, la ferveur dans l'oraison, la chasteté dans la tentation, le courage dans l'adversité, et l'humilité dans la prospérité. »

CONFÉRENCE SUR LE MÉPRIS DU MONDE

Il y a en ce monde sept choses qui, soigneusement pesées et attentivement considérées, apprendraient à l'homme à le mépriser facilement, à le vaincre, à le fuir et à se porter à servir Dieu. Car servir Dieu, c'est sortir de l'esclavage.

La première chose, c'est la peine qui accable les partisans empressés du monde. Quel homme, en effet, pourra demeurer sans tourment dans les honneurs, sans tribulation dans le commandement, et sans vanité dans l'élévation ? Aussi les réprouvés s'écrieront-ils à la fin des temps : « *Nous nous sommes lassés dans la voie de l'iniquité et de la perdition ; nous avons marché dans des chemins âpres.*[1] » Ils se fatiguent sur la terre dans leurs désirs, et après cette vie ils sont en proie aux tourments. Notre cœur trouvera donc une sécurité profonde à n'être possédé en rien par la concupiscence du siècle. S'il soupire, au contraire, après les choses de la terre, jamais il ne pourra goûter ni paix ni tranquillité : ce qu'il n'a pas excitera sa convoitise, et ce qu'il a le remplira de la crainte de se le voir enlever. « *Gardez-vous donc, mes bien-aimés, de chérir le monde et ce qui est dans le monde*[2], » je veux dire les délices et les richesses du monde. Bienheureux l'homme qui connaît Jésus-Christ et ignore tout le reste. Malheureux, au contraire, celui qui sait tout et méconnaît Jésus-Christ. « *Savoir beaucoup de choses sans Jésus, a dit quelqu'un, c'est vraiment ignorer ; mais savoir bien Jésus-Christ, c'est assez, quand même vous seriez étranger à tout le reste.* »

La seconde chose à considérer, c'est que l'amour du monde nous fait négliger un bien meilleur. En effet, les hommes pleins de cet amour sont tellement appliqués et empressés à acquérir les biens terrestres, qu'ils négligent les biens célestes. Car, plus ils s'avancent, sous l'empire de cet amour, dans l'oubli de Dieu, plus ils en sont abandonnés et plus leur âme s'endurcit. En même temps plus ils s'attachent au mal, moins ils comprennent les biens qu'ils perdent. Arrivés au mépris de Dieu, ils ne sentent plus combien déplorables sont les actes d'une telle vie. Mais les saints, au contraire, n'ayant aucune affection pour ce monde, ne désirant que la grâce céleste ; les saints, dis-je, vivent dans une tranquillité profonde ; car la félicité terrestre n'est rien autre chose qu'une grande misère. Oh ! combien heureux est celui à qui il a été donné de mépriser le monde et de servir Jésus-Christ ! Être esclave du Seigneur est un bien préférable à toute liberté.

La troisième raison qui doit nous exciter au mépris du monde et des choses temporelles, c'est leur vanité. La joie du siècle n'est en effet que vanité. On soupire avec ardeur après son arrivée lorsqu'elle est à venir ; et l'on ne peut la retenir lorsqu'elle est présente. Tout passe, tout s'envole, tout s'évanouit comme une fumée. Malheur donc à ceux qui aiment de telles chimères ! Aussi quelqu'un a-t-il écrit : « *Le jour présent s'enfuit, et l'on ignore encore quel sera le lendemain. Apportera-t-il la peine ou le repos ? Ainsi disparaît la gloire du monde.* »

Oui, le monde passe et sa concupiscence passe avec lui. (Saint Jean, I, 2, 9.) Que choisirez-vous donc ? de vous attacher aux choses temporelles et de vous en aller avec le temps, ou bien d'aimer Jésus-Christ et de vivre pour l'éternité ? Les hommes parfaits ont sans cesse sous les yeux la brièveté de la vie présente ; ils vivent comme s'ils mouraient chaque jour, et ils se préparent avec d'autant plus de sollicitude à l'avenir, qu'une méditation continuelle de la fin de toutes choses leur fait voir que ce qui passe ne saurait avoir la moindre valeur ; que ce qui vient après cette vie étant sans limites est immense, et que ce qui finit n'est rien. Leur âme éclairée par la lumière d'en-haut fixe sur les biens célestes les regards d'une considération attentive ; et plus elle comprend la réalité de ces biens suprêmes, plus elle dédaigne profondément ceux de la terre. Aussi les plaisirs de cette vie, plaisirs tant estimés des pécheurs, ne sont aux yeux des justes qu'une vile boue, et ils fuient comme une calamité ce qui est cher aux amateurs du siècle ; car ils savent que ceux-là sont ennemis de Dieu, à qui le monde est toujours prospère. Ô pécheurs dépourvus d'intelligence et privés de prudence ! ah ! s'ils avaient la sagesse ! s'ils comprenaient et prévoyaient la fin dernière de toutes choses ! Ils sentiraient combien grande est la multitude des réprouvés, combien faible est le nombre des élus, combien frivole est la vanité de ce qui est terrestre. Ils reconnaîtraient le nombre effroyable des péchés qui se commettent, la grandeur du bien qu'on omet et la perte du temps ; ils se mettraient en garde contre le péril de la mort, le jugement suprême et le supplice éternel.

La mort nous montre à découvert que tout ce que les impies poursuivent en ce monde, c'est-à-dire les richesses, les plaisirs, les honneurs, doit être l'objet de nos mépris. Elle nous montre que le travail de ceux qui recherchent les richesses est un vain travail, puisque l'homme doit rentrer nu au sein de la terre ; que la fatigue à courir après les plaisirs est inutile, puisque le corps le plus délicatement nourri deviendra la pâture des vers ; que l'ambition des honneurs est infructueuse, puisque l'homme sera recouvert de terre et foulé aux pieds par les autres hommes et les animaux. *Gardez-vous donc, mes frères, d'aimer le monde et ce qui est dans le monde*. Laissons là ces choses vaines et futiles ; portons-nous seulement à la recherche des biens qui ne finiront point. Cette vie est pleine de misères ; la mort viendra nous la ravir tout d'un coup, au jour le plus imprévu, et ensuite il n'y aura plus que des supplices pour celui qui aura négligé d'en profiter. *Rentrez en vous-mêmes, ô prévaricateurs*[3], et attachez-vous à celui qui vous a créés ; demeurez avec lui et vous serez inébranlables. Ce monde est vain et trompeur. L'heure où il doit finir est incertaine, la mort est horrible, notre juge formidable, et la peine infinie.

Le quatrième motif qui nous sollicite au

mépris de ce monde, c'est l'inconstance de sa gloire. En effet, alors que l'homme demeure avec le plus de joie et de bonheur sur cette terre, alors qu'il espère y passer encore de longues années, il est enlevé tout-à-coup par la mort ; son âme est séparée de son corps, et, pleine de misères, elle s'avance, tremblante et dans la douleur, vers une région entièrement inconnue ; elle voit les démons venir à sa rencontre et lui faire cortège. Où sont maintenant ces courtisans du monde qui, il y a quelques jours seulement, vivaient au milieu de nous ? Il n'est resté d'eux que de la poussière et des vers. Remarquez bien ce qu'ils sont et ce qu'ils ont été. Ils furent des hommes comme vous : ils ont bu, ils ont mangé, ils ont passé leurs jours dans les délices, et ils sont descendus en un moment au fond des abîmes. Ici leur chair est abandonnée aux vers, et là-bas leur âme est la proie des flammes éternelles. Gardez-vous donc, mes frères, d'aimer le monde, mais suivez Jésus-Christ qui a dit : « *Mon royaume n'est pas de ce monde*[4]. » Soupirez de tous les désirs de votre âme après la céleste patrie, afin de pouvoir la posséder au dernier jour. Il n'y a point ici-bas de vraie consolation ; mais la vie véritable se trouve là où la mort ne sera jamais à redouter.

La cinquième chose qui doit nous retirer de l'amour de ce monde, c'est le danger auquel sont exposés ceux qui y vivent. Que font les hommes du siècle vivant selon le siècle ? Ils s'enfoncent de plus en plus dans le péché, et leur âme est tellement percée des blessures de leurs crimes qu'ils ne la sentent même plus. L'adultère, la fraude, le vol, le mensonge et tous les maux se sont répandus avec abondance. *Depuis le plus petit jusqu'au plus grand, tous s'appliquent à satisfaire leur avarice. Chacun poursuit avec une ardeur sans frein la femme qui lui est étrangère*[5]. Chacun ne songe qu'à étendre davantage les limites de ses domaines. Et il n'en est point, ou du moins il en est peu qui pensent aux moyens de sauver leur âme. Oh ! comme le démon est triomphant de nos jours. Tous suivent la pente du péché. C'est à peine s'il en est un petit nombre qui se convertissent. Tout notre superflu s'en va en folles dépenses ; nous soupirons après les biens de la terre ; nous n'avons de pensées que pour les choses de la terre ; nous dédaignons Dieu et ses commandements, et nous écoutons sans effroi parler de ses jugements formidables. Non, mes frères, *n'aimez pas le monde ni ce qui est dans le monde*, car tout ce qui s'y trouve devient une arme à l'usage du démon ; mais servons Jésus-Christ : « rien n'est meilleur, rien n'est plus avantageux qu'une bonne vie.

Ce qui nous porte en sixième lieu à fuir le monde, c'est l'inconstance des choses qu'il renferme. Nous lisons qu'un philosophe s'écriait : « Quand je pense à la joie et au repos que goûte un cœur pur ; au bonheur qui remplit une intelligence occupée à contempler Dieu ; à la sécurité et à l'espérance dont jouit une âme pleine du divin amour, je me dis qu'une telle vie est véritablement une image de la vie de Dieu même. » Il est aveugle celui qui s'adonne à autre chose, car tout ce qui est incréé nous déifie.

Qu'est-ce donc que notre vie, sinon une course vers la mort ? Qu'est-ce que vivre, sinon subir un long tourment ? Si l'on voulait juger chaque chose d'un point de vue plus élevé, on verrait qu'en tout il n'y a que peine et misère. O partisans du monde ! pour quelle fin travaillez-vous ? Pourquoi vous tourmenter vous-mêmes pour des riens, quand il est en votre puissance de posséder le Créateur de l'univers ? Que cherchez-vous de plus ? De quoi pourrez-vous être satisfaits si le Créateur lui-même est insuffisant à vos désirs ? *Ô enfants des hommes ! jusqu'à quand aurez-vous le cœur appesanti ? Pourquoi aimez-vous la vanité et cherchez-vous le mensonge*[6] *? Gardez-vous d'aimer le monde et ce qui est dans le monde.*

Quiconque veut arriver à la terre de promission, c'est-à-dire acquérir la gloire de la patrie céleste, doit nécessairement traverser la mer Rouge en se servant de la verge de la croix, passer de l'Égypte dans le désert, renoncer à une vie de délices et aux ténèbres du péché, se soumettre à une vie laborieuse et mourir avec Jésus-Christ sur la croix de la pénitence. C'est ainsi qu'à l'heure de la mort il méritera d'entendre cette douce parole adressée autrefois au Larron : « *En vérité, je vous le dis : vous serez aujourd'hui avec moi dans le Paradis[7].* »

Enfin, ce qui doit en dernier lieu éteindre en nous l'amour de ce monde, c'est la blessure secrète que les biens de la terre ont coutume de faire à ceux qui les aiment. Il est difficile, en effet, de se conserver sans tache au milieu des vanités du siècle : sans cesse exposé au danger, vous ne sauriez être longtemps en sûreté. Elle est donc heureuse, cette âme dont les plaisirs ne sont accompagnés d'aucune souillure, et qui voit accroître sa pureté dans le calme de la vérité ; cette âme que la loi de Dieu pénètre d'une telle félicité qu'elle la rend victorieuse de tous les plaisirs de la chair. Oui ! celui qui a commencé à goûter Jésus-Christ ne trouve plus qu'amertume en ce monde, car la chair devient intolérable à l'âme qui a joui de son Sauveur.

Saint Augustin s'écrie à cette occasion : « Je vous en prie, Seigneur ! Que tout me devienne amertume ; soyez vous seul doux à mon âme, vous, la douceur ineffable, qui rendez suave les choses les plus amères. C'est cette douceur qui changea en délices pour Laurent les charbons embrasés ; cette douceur qui remplit de joie les apôtres lorsqu'ils s'en retournaient heureux d'avoir été dignes de souffrir des injures pour le nom de Jésus. André marche au supplice dans l'ivresse et la sécurité, parce qu'il va entrer en possession de cette douceur. C'est pour l'obtenir que Barthélemi abandonne son corps aux bourreaux ; pour la goûter que Jean avale sans crainte la coupe empoisonnée. Pierre en a à peine savouré les délices, qu'oubliant toutes les choses de ce monde, il s'écrie comme un homme en proie à l'ivresse : « *Seigneur, il nous est bon d'être ici ; faisons-y trois tentes*[8]. » Demeurons ici et livrons-nous à la contemplation ; nous n'avons plus besoin d'autre chose. Une goutte seulement de ce bonheur est arrivée jusqu'à lui, et tout autre bonheur lui devient insipide. Qu'aurait-il dit s'il eût participé à cette abondance inénarrable cachée en votre divinité et que vous tenez en réserve pour ceux qui vous craignent ? C'est à cette douceur ineffable qu'avait puisé Agathe, votre vierge, lorsqu'elle marchait vers la prison, triomphante de joie et de félicité, comme si elle eût été invitée à un festin brillant. Enfin c'est à cette source que s'était désaltéré, je le crois, celui qui disait : « *Combien est grande, Seigneur, l'abondance de votre douceur, de cette douceur que vous avez réservée à ceux qui vous craignent ! — Goûtez et voyez combien le Seigneur est doux*[9]. »

Mais celui qui n'a pas participé à cette douceur de Dieu ne prend aucun soin de se soustraire aux souillures des plaisirs terrestres. C'est un grand bienfait du Seigneur que d'avoir renoncé aux vices et aux délices de ce monde. Poussez donc des gémissments, infortunés amateurs de la terre, vous qui détruisez votre corps avant le temps et donnez la mort à votre âme. D'où vous viennent ces infirmités si multipliées et ces morts si soudaines, si ce n'est de l'excès de vos festins et de l'usage effréné des plaisirs ? Alors que vous croyez en jouir avec bonheur, vous vous trompez vous-mêmes, vous oubliez votre âme pour votre corps, et avant le temps vous précipitez le corps et l'âme sous les coups de la mort. Livrez-vous à la bonne chère et enivrez-vous, car après la mort vous ne pourrez plus le faire ! Semez la corruption, et de la corruption vous moissonnerez la sentence divine que le Juge irrité lancera au grand jour du jugement, en disant : « *Allez, maudits, au feu éternel*[10]. »

Hélas ! votre cœur s'est endurci à l'égal de la pierre, si vous ne tremblez en pensant que vous vous exposez à une telle sentence à cause des consolations futiles de ce monde. Mais peut-être direz-vous qu'après avoir passé votre vie dans le péché, vous en ferez l'aveu à l'heure de votre mort et que vous en obtiendrez de Dieu le pardon. Hélas ! vaine espérance ! fausse pensée ! Il arrive rarement qu'à la fin de sa vie celui-là mérite l'indulgence divine, qui, aux jours de la force et de la santé, n'a pas craint de se rendre coupable contre Dieu. C'est ma persuasion : « je tiens pour certain que celui dont la vie a toujours été mauvaise n'aura point une bonne fin. « *La mort des saints est précieuse devant le Seigneur*[11], dit le Psalmiste, mais la mort des pécheurs est détestable. » *N'aimez donc point le monde, mes frères, ni ce qui est dans le monde.* Mais fuyez du milieu de Babylone ; sortez de Hur, la ville des Chaldéens, c'est-à-dire de la fournaise des vices. Fuyez et sauvez vos âmes. Accourez aux villes de refuge, aux lieux où la religion exerce son empire. C'est là que vous pourrez faire pénitence des fautes passées, en obtenir le pardon dans le temps présent, et attendre avec confiance la gloire à venir.

---

1. Sap., 5
2. Joan., 2
3. Is., 46.
4. Joan., 18.
5. Jer., 8-5.
6. Ps. 4
7. Luc.,23.
8. Matt.,17.
9. Ps.30-33.
10. Matt., 25.
11. Ps.115.

Copyright © 2023 par Alicia Editions
Couverture et mise en page : Canva.com, Alicia Ed.
ISBN Ebook 978-2-38455-177-4
ISBN Livre broché 978-2-38455-178-1
Tous droits réservés

www.ingramcontent.com/pod-product-compliance
Lightning Source LLC
LaVergne TN
LVHW032006070526
838202LV00058B/6322